U0069621

禪機破迷障

叩問釋疑

Zen Talks with the Universe

理心光明禪師
天音傳真 彙編

前言

　　如何幫助自己提昇？對下面條目，您曾萌生相同的疑問嗎？本書載錄一群在「大道真佛心宗」亦稱「崇心宗脈」潛心修行、求斷因果的謙遜學習者與宇宙高能全新對話精選。

　　所有的發生都是最好的安排，是您、是潛在意識引導，書架上數以千計、網路上數以萬計叢書，竟翻開了這一篇章；或許，您與宇宙高能的高頻共振旅途，自此展開……點盞燈、泡壺

茶、處在最舒服的姿勢與位置，歡欣寧靜地享受這一切幸福與美好的開展。開卷有益，讓無盡禪機破迷化障清！

天音播客 識於 戊戌中秋安康

導讀

　　「大道真佛心宗」原創作品豐富，內容涉及面廣、境高、意深、系統性強，甚為稀有，若能縱覽全域便能看出作品著作目標所在，不同系列作品間是如何互相促進並聯繫的。《禪機破迷障》是諸多修子於閱讀、進修、工作、家庭中遇到難以明瞭的問題和障礙時，與宇宙高能對話，獲得指點迷津的記錄，經過二十多年的累積，千萬條目中先擷取與「修持」最相關的精華來成就本書。

　　「他山之石、可以攻錯」，人生過程的考驗與磨難實屬未知，閱讀本書

體驗他人面對不同問題的歷程。或許，其中的原因及解決方法，對自己來說是難得的智慧，更是人生路上相伴錦囊，屢屢開啟能現妙策。

其中對問題的分析、提出的解決方法，更是站在「超越人們兩相對待」的高度，講解矛盾成因和來龍去脈，指出個人認知之中的謬誤，在解決現實問題的同時，從意識深處徹底化解產生矛盾的根源；其中所闡述各種道學知識，更是從本源開始詳述，讓人一目了然，自發自覺找到自己所需的內容。

本書為系列作品的實際應用，從中再來體會理論的部分，就更深入瞭解其中所述的內涵。因是不同人的諸般際

遇，提出的問題多元、各式各樣，故閱讀來每每啟發思維新認知，妙趣橫生、法喜洋溢。

　　實際上，二十多年與宇宙高能對話記錄累積千萬條目，設在一雲端電子書庫，且為了方便讀者閱讀，特地將書庫內容分類為：唯識學理、提升淨化、大道天書、三魂七魄、因緣果報、古朝代靈、道學釋疑、宇宙天文、科技進化、無極大道學院、崇心聖務……等部分。讀者可順序閱讀，也可根據自己喜好挑選閱讀。以上內容和本書《禪機破迷障》，現在都整合於「崇心人文科技網絡大學」雲端電子書庫，免費註冊帳號即可隨時隨地用您的電腦、手機、平

板閱讀學習。

　　今，藉由《禪機破迷障》付梓，冀望能收拋磚引玉之效。讓此一資料庫更廣為人知、被更多人使用，嘉惠諸多有心提昇自我價值、生命品質有緣志士。您可造訪「崇心人文科技網絡大學」網址www.holyheart.net（適合電腦），或是http://m.holyheart.net（適合手機、平板），更可以掃描以下QR CODE便能輕鬆進入，期待課堂練功房不見不散！

註冊方法說明　　　登錄網絡大學

目 錄

一、名相解惑篇

目　錄

二、因果償還篇

三、殊勝因緣篇

四、成長精進篇

目錄

目錄

目 錄

目錄

目錄

一、

名相解惑篇

✳✳✳✳
1-01 何謂靈性？

靈性乃每一位眾生皆存有的
本靈，可剎那間思惟跳動一
切的生滅，存有著**佛性種因**
與**魔性種因**，及一切種子因
在內。

✳✳✳✳
1-02 本靈與原靈之不同？

若按照一般是相同，但以宇
宙高能來觀，**本靈**是當下的
靈魂；**原靈**是很早以前就存
在的所有靈魂體；**本靈**會提
昇與墮落，原靈是從古代輾
轉迄今，不知已經降生多少
次。

原靈本無善惡，只是落凡降生在不同的時空因緣，而產生不同的慾求，有情眾生皆無善惡，只是各人做法不同，又執持兩相對待不同角度，而形成善惡、是非、OX、福禍之分別，所以宇宙高能沒有善惡之分別心。

＊＊＊＊ 1-03 本靈、原靈、元靈、殘靈、分靈的定義為何？

本靈—當下原本具存的因質能量。

原靈—與生俱來早已存在能量具備。

元靈—分化為第二代以上者之能量。

殘靈—胎卵濕化之四者所生，想要回復原靈本初是甚難的。

分靈—提昇超越者，宛如觀世音菩薩、關聖帝君、天上聖母媽祖之分靈者。

**** ****
1-04 元靈與元神是否一樣？

元靈與元神一般來言是一樣，但如果再深一層來觀，元靈是元靈，元神是元神，兩者雖可互通，但其實功能效益別不一樣也。

元靈乃是由無極所降，既然由無極所降，之後靈與神兩者則不同，因元靈是一個不生不滅的存在體。

元神是投胎後再入於軀體內，故兩不同處，不但是功能效益不同，作用亦不同。

元靈是跟隨自己因果業障牽纏而投之，乃隨因果業障的投生來作區別。

元神是自己入於軀體中之時必然會來投入，因而元神是此生有用歿度即無用，但可跟隨元靈而投之，一段時間會消逝也。

****** 1-05** 真如、真我、靈魂有何分別？

真如是一種提昇的本能，真**我**是先天俱來的如是我，**靈魂**又是與生俱來的本體；真我與靈魂兩個可以融合在一起，靈魂是道家所言，真我是佛家所言，真如也是佛家所言之。

真我與真如是不一樣的，為何如此？一切法相皆真如本體的能量，可言「法相真如」、「法性真如」、「佛性真如」、「魔性真如」，

但不可言一切真我以及一切
靈魂，問題在此也。

一切皆真如，正是「自真如
性」也，但不可言一切真我
如性，差太多了！若是一切
「靈魂真如」或「靈魂真
我」是可以言之；但不可言
「真如靈魂」，卻可言「真
我靈魂」也。

✱✱✱✱
1-06 如何了別心體與性體？

心體指第六意識心、第七末
那心、第八藏識心嗎？心體
是無形的，看不見的；而性
體是體現在外的，如善性、

惡性、習性、秉性……等，
是看得見的或者是可讓人感
覺到的；見解正確否？

通過「心體與性靈」的相互
串連與貫通，來對自己當下
的不足、欠缺與錯誤作修整
改變，扭轉過去不良惡因的
組合；這裡的「心體」若是
妄心，那就還在「起心動
念、入意藏識」之輪迴中？
若再進一步，讓真心起動，
就可脫離輪迴了；見解正確
否？

進化「心體與性靈（靈
性）」的最主要功用，就必

要能真正了悟「性體」根基，也就是了悟清淨無垢、如如不動的原始根基，只有這樣才能做到妄心不起，真心起動；見解正確否？

汝已經明白了！

1-07 真如自性、自性真如、真如本性、真如實性、妙真如性？

真如自性： 一切法界皆真如，不分別自性、佛性、魔性皆一樣，只在人之所驅動性體有關連。

自性真如： 自性本真如，一

切皆由自性而引生，法界叫
真如，所以一切自性真如，
又必要通過自己來行持。

真如本性：同自性真如一
樣，只是顛倒名相，佛家所
用之。

真如實性：每一位眾生皆有
真如實性，不分別動植物皆
一樣。

妙真如性：就因有真如實
性，才會起現一切作用，這
種已入於比較進化增長了，
但人世間甚少有人來善用
之，所以在「妙」中，就有
一個相當良好的提昇，不然

人世間皆真如實性也。

* * * *
1-08 何謂空性及法性？

人世間一切生存離不開於空
性及**法性**，尚有中道性；空
性是已過往之本體，**法性**是
生存所用一切準則，**中道性**
為所有生存之媒介；若只言
空性及法性，必落入對待，
必要有中道性，方可串連一
切生存之必要性，所以佛家
若言空性及法性，而不言中
道性，即難有上昇超越也。

另示：

法是自然體之，**空**是過去

了，法為萬物蒼生所用之，
空為事務之轉折，法性是
千真萬確存在的「物質」
「用」，**空性**是已經過亡的
消逝，但卻是有存在的因緣
「體質」也，「體」；體相
所用，何人用之？正是一體
之兩面也。

＊＊＊＊
1-09 本覺與本明有何不同？

本覺是先天早已具備之條
件，**本明**是原始根基已經明
白了；故而，在於覺是體
悟，明是經驗，此兩者稍有
先後順序之不同。

* * * *
1-10 本心、本覺、本明、妙覺？
四者有何差別？

本心──是原始具足之心。

本覺──是一種先天具來的感
觸。

本明──是過去世早已知之訊
息。

妙覺──是當下發現的良好觀
念。

* * * *
1-11 含藏與含因有何不同？

含藏──是經由自己所獲得的
資訊、知識、智慧，累積於
自己的八識田中，這必要用
才會具備知識、經驗、智慧

41

的施予。

含因—是自己過去的所作所為而呈現一種善惡、好壞之分別，這是自古以來就存在的原始因由之累積，未來必會分別福禍、平順報償之分別也。

含藏是用於自己的生存過程（用之），**含因**是累世以來一切成因的過程（體之）。

✱✱✱✱
1-12 何謂初心？

初心—為元始之本來，元始為一切之母。故初心乃人之本體，其初心緣動後，方有

眼觀色而入意之念中；其初
心之始動為人類萬事萬相之
起頭，故其入於意念之中，
這是同性體為一者，其性之
不動，故心之起動而有行為
動作也。

如何將初發心後之意念，來
作長遠持恆，才是正道！行
動力即分善、惡兩邊，如此
善與惡，即一般眾生所意會
與體證，以先天理辨善惡相
互對待，又初動已落入陷阱
中（善惡之陷阱），人道世
界即是如此受局限與障礙
也。

如何入中道而離中道，乃是
先天理解，非人道世界之中
道而已，用即離，離即用
之。

****
1-13 何謂心燈？

心燈—千古俱備、亙古常
存，亦言真如自性、常住真
心；心燈可以說是人的本
體，見聞覺知則是用，從古
迄今何人可以心燈不滅否？
人經常忘了自己是誰，所以
心燈常暗，難萌光明，一旦
悟了心，究竟是「悟」還是
「誤」？又是未知！心燈是

否明亮？皆在於各人體證的
不同！

有太多人自認為已經開悟
了，但心燈卻幽暗難明，要
真正了悟時，心燈才光潔明
亮；燃點心燈，彰顯佛性，
若言體用如何？皆在各人認
知而定，心燈體相用皆具，
也皆不具，在各人心之所
轉，心燈可照千年幽暗之化
除，是體也是用，非體也非
用。

❋❋❋❋
1-14 明心和自覺有何不同？

明心叫做自覺，就怕人類眾

生沒這種觀念，也不知甚麼
叫做自覺，此種就有很大的
受益也。

＊＊＊＊
1-15 念正與正念有何差別？
念正之正，在於念之起動，
自己明白其正道否？
正念是自然而然之起於對一
切念頭，皆是正確、正道，
此竅門明否！

＊＊＊＊
1-16 何謂念念攀緣，心心寂滅？
念念攀緣—是有情眾生所具
備之思惟觀念，一切都是心
念意識來奔走於日常生活當

中，才有良善之生存條件。

心心寂滅—是已經走過了一切生存取向了，也看透了人世間之反覆輪迴，才會有此種境界所投射，此種必要很大體悟者，方會了別的。

＊＊＊＊
1-17 「覺有情」與「覺悟情」有何不同？

兩者層次不同。

覺有情—是利益有情眾生的作為。

覺悟情—是通體所有眾生的不良根器，而實證佛性世界。

所以兩者雖然只差一字，失之毫釐，差之千里。

✳ ✳ ✳ ✳
1-18 文字障、理障、惑障？

文字障：是在文字當中的明白，但卻是一種盲點。

理障：對事情的問題雖然了知，但卻是難以通徹明白，所以難有更上一層的提昇。

惑障：這是針對困難迷惑，看似真理，實則不是。宛如佈施有功德，但從另一個角度看是貪功德，這是難以化除的。古云：「真佈施不怕假和尚」，但現今時代，真

佈施要怕假作用，若佈施給
一群壞人會怎樣？人生一世
時間短暫，不為自己的未來
作打算，那是很難精進的。

* * * *
1-19 論「DNA、RNA、QNA」！

宇宙高能視角揭示，DNA
是基本因質，RNA是優良
因質，QNA是自體發光的能
量。

能量體若有其降生因緣，將
只是帶其名位DNA來投生
於他方，或輪迴於不同國度
中；若是輪迴於畜生道，亦
有其DNA之因緣顯現；由人

世間之**良心鏡**與**地心鏡**中即
可明白其當下在何處。這由
DNA之**色澤、分數、密碼、
能量**四者可以找到這一位
者。

另示：

根據大道系列叢書，講述下
列名辭作不同之詮釋與定
位。DNA是指基本因質，每
一位皆有之；RNA是優良因
質，要淨化提昇方才有之；
QNA是自體發光的能量，又
區分成太多層次與分數也。

自體發光 — 其能量最少已
達五萬能量體，甚且可高達

千佰億萬能量體；DNA、RNA乃人世間所用，QNA則是上昇超越者所用，佛聖神仙、菩薩高真等果位者，各體層次、境界、果位皆不一樣；只是靈界之區分，能量自五萬至仟佰億萬能量體，汝能量有多少，就往多少能量的星球去生活。

一般人都只是具足DNA而已，很難將RNA來轉化；其實人類也有QNA，只是難以散發出來，這是因為能量不同的原因；當今人類科技還沒辦法印證，未來漸漸能夠

示現其堂奧，其他還有6～7種能量體的轉換，以後大道系列叢書會開示，不論怎麼修行，DNA、RNA、QNA都會存在，只是在於能量體散發的不同。

****
1-20 如何區別「意識用事」與「識神用事」？

意識用事及識神用事，一者不受無形干擾，一者承受無形干擾。

****
1-21 何謂繞中觀止，止中觀繞？

此問題在人世間一切波動

皆不停止，故而人生一世皆在繞中來行事，甚難觀其停止；如此就必要在止中來觀繞，此是相當高程度的進化。所以人世間要達至此境界，必要下一番功夫，方可以有如此的體證。一般人甚難有這種的能量體，皆一樣能在繞中來觀止，就已有很大的能量，又能於止中觀繞，其能量體更高。

二、
因果償還篇

❄❄❄❄
2-01 何謂因果？

「因」乃前之所造行為動作，「果」乃後面所結之成果，因果細分良善、平庸、惡陋之區分。

❄❄❄❄
2-02 為何有良善的父母會生出惡質的兒女？是否與前世因緣有關？

這是關前世今生的因緣，常講要好兒孫，先積德，若德厚必然不會有生敗家子；德薄或惡多，必然會引其惡緣來出生為其家人、後代也！

＊＊＊＊
2-03 惡因緣的產生與過去世的因果循環有關否？惡質子女也是一種因果討報嗎？

這又關過去世，報之因的起始，又關係當下此生此世的討報償還，不孝者比比皆是。

＊＊＊＊
2-04 既然是因果討報，不孝子女本身，是否須背負不孝之罪名？

如此罪不罪是在因果循環，其父母者，自己者，後代者，亦如是也！罪不罪則關世人的觀點。

＊＊＊＊
2-05

子女不孝乃世間人所不齒，不管是否有討報的依據，那其死後是否須被判定不孝之罪名？

不孝者，若是討報，則有其討報跡象，若無討報跡象者，是為有罪之；若討報者，(在其原本可以討報的強度內)理應是無罪！但無法容於世人之孝道也！

＊＊＊＊
2-06

若以討報形式來終了完消前世因果，其過程有時亦會再造來世恩怨，若能在此世圓滿，則須背負不孝之名？

以德報怨，這是　上蒼最所

願見之，若是一直討報，何
時了？冤債又如何完消？承
上幾題，如此孝道傳承是人
世間的優良傳統，若無此，
人世間異於禽獸又如何也！

＊＊＊＊
2-07
因果報償絲毫不漏，除了符
合天地間所制定之律法外，
尚有天心鏡、地心鏡、良心
鏡之關係，以及人之第八阿
賴耶識有關，其性是無覆無
記，能含藏各種雜染種子，
故縱使千百劫所造亦不滅失
否？

因果報償之律法，對天心
鏡、地心鏡、人心鏡三者

之關係，皆儲存於IC微晶體當中，其含藏儲藏於雜染種子因中，千百萬劫皆難以化消，只能覆蓋而已，縱使已證佛果者、魔性者亦復如是，皆一體如是，不然如何言之，佛性中有魔性，魔性中有佛性也。

✽✽✽✽
2-08 如何在今生，將因果業債全部完清呢？

那要有冤債來作討伐的報償作用，如此即是觀各人的心態作用與應對智慧的功用中，如何化解？又對因果循

環，有時亦會隔好幾世後再
來討伐。如何把當下的一切
冤債作完消？最好的方法是
「斷除惡業」，那即不生因
果討伐的清償作用。

* * * *
2-09 當今 上蒼已改變政策，讓
「阿鼻地獄」受刑者，也有
機會出生，行其因果討報；
此一政策之施行，是以何種
情形、條件者，為最先開
放？

上蒼所頒示，因為「阿鼻地
獄」之受刑者，仍有機會再
出世為人，除非天大之不赦
者，其實皆有機會，重新演

繹，重新做人之從心來過
也！

能明白所有 上蒼德澤，就是
以 上天有好生之德之前提下
來頒示，亦觀對方之懺悔心
有否？這是為前提！

＊＊＊＊
2-10 恩師言：「對於未來媒體所
播放出一些比較不人道之畫
面，對於當事者雙方，大家
都不要同其聞雞起舞」；但
當今社會電視之談論性節
目，都喜歡拿此種話題作評
論，來招攬觀眾、聽眾，如
此會造成何後果之形成？

對此談論性節目，有些是有
正面價值，但是負面不正言

論太多了，汝不必管這些，
未來各人之因果各人擔負，
一切自有 上蒼安排之，是非
曲直自有公斷。

三、
殊勝因緣篇

❋❋❋❋
3-01 論「大道系列叢書」的殊勝！

雖有部分人會認為「大道系列叢書」內容會重複，但一切經典之著作不也是如此？在大道系列每回次皆由不同宇宙高能前來著作，即重複將重點再用不同方式論述一次，這也是對眾生習性、慣性成自然的不良秉性來次次回回提點作修整，但大都是一個永不改變的臭個性使然，才會阻礙其各己提昇超越的障礙，這點若不突破，有情眾生皆會一直沉淪於此

地冥星當中，來反覆輪廻
也！

「大道系列叢書」是論藏，
看得懂代表先天資質不錯、
根器未鈍。建議先約略看過
第一次不必強加記憶，再反
覆看第二次細細咀嚼消化意
涵，只要用心就有收穫，當
中有很多的真實理諦，絕不
同於人世間的道理概念，所
以思想觀念必要重新組合，
放空自己就能受益，人生修
持就是有太多執著了，所以
會障礙自己又無法了知；這
必要跳開來看，自己才會清

楚的，如此是提供汝超越回歸的大契機。

「大道系列叢書」是闡述大般若經的總體精華，並演繹**般若波羅密多心經**的著作，將「唯識理諦」下化於當今世代，對**心法**與**色法**的兩相融合。每位眾生皆必要作思想觀念的改變重組，才會促成自己的成就；明白名相後，就有建立於落實施行的必須性。

唯識學理是進入於禪宗、密宗、顯宗、淨土宗的組合，同人世間每位眾生皆有直接

的關聯性，**淨、垢染著**是在當下來完現，對自己內心的意識形態，與外相的實際型態相互結合，對自己的困境與迷障來作淨化與提升。

八識是每位眾生都具備的基本作為，不分別任何宗教與國度，在八識種因中，應如何淨化與沉澱不良的垢穢思想？因為每位眾生的資質不同，各人體會不同，想要有成就，就必要有「精進」「資糧」位的施行，多多努力付出心力來體會，才會有如實的功效，以明白其中堂

奧精微才能受益。

＊＊＊＊
3-02 關於「天音傳真」著書上課的殊勝。

在「天音傳真」著書上課時，不要小看好像沒啥東西，其實大智慧就在裡面，由聆聽宇宙高能的著作中，來獲得智慧與福報，再由宇宙高能散發之高頻能量直接間接淨化加持，無形中撥轉化除很多災殃禍殃。當下不向今生渡，何來機緣渡自己！機會把握莫錯過，一旦錯失，則難以再有如此殊勝

的崇心機緣。

✳✳✳✳
3-03 自行研讀「大道系列叢書」和現場上課有何不同？

就是少了臨場的淨化與實證感受！雖然可以對 上蒼資訊來了知，但已經都是第二手資料了，沒有臨場感的親身實證，就少了那一份靈力能量來加添，所以身上就少了這份 上天的大能量！

這是 上天開啟一大殊勝因緣作下化，若可以在「天音傳真」時回來參加著書，那對汝等的能量體可以增加很

多很多；雖然這會同潤生稍有衝突，但若以未來能有回歸超越，這一層功課卻是機不可失；不然徒勞一世人為了通貨，整年忙碌又能增加多少？宇宙高能淨染的臨場感、高頻能量、震攝氣場，是很難用金錢買到的！

＊＊＊＊
3-04 論「燃燈法脈」之殊勝！

可常唸「南無燃燈古佛」名號！又，汝等為「燃燈」體系傳人，所傳承亦更須如此持誦。是否如佛家所言：非佛教之附佛外道？非也，

「燃燈法脈」當然是正道正教。又「大道真佛心宗」本非昔時佛教，而是鸞門體系之古老宗教。針對鸞門體系是起源於，還沒有：佛家、道家、儒家、回家、耶家之前，又比當今所有五教早了2500年，就已經存在了，甚且是已超過4500年的歷史淵源。對於當今這些所謂宗教，皆晚於鸞門系統起源、教化因緣歷史；也形成「真佛在心中，真道也在心中，真聖也在心中，真神也在心中」之差別性，何來有分別

心？能真正成就回歸，才是重要的！

不論佛家之定義如何，是狹隘是寬容？無妨也！附佛只是借名而已；咱真佛在心中，又如何否？言真道、真佛、真神、真聖、真靈亦可也！何人可以回歸原始之祖地，才是最重要；又回歸後作何？若只回歸而不能超越，又奈何！

只是停留於回歸原始祖地而已，那並非 上蒼與 天上的老母親所期盼！要超越當下這四億餘顆星球星系星際，

要用多少人才？所以不要同
一般世俗眼光一樣淺薄，那
是不會回歸超越，只永遠留
存此地冥星當中來作輪迴而
已，不值得！

九品蓮花與**金品蓮台**雖不
同，但四億佛子已早有其累
世的功果，只在於今生今世
之第八意識來作清淨、淨化
的提昇，這即是道家功法的
如實淨化，清清上昇 為藹，
這亦是一個藹之本體。人之
一世不論功果如何大，若第
八意識不淨化，汝等試想，
其可上昇超越回歸否？

淨濾靜慮作基礎

第八意識淨垢除

上昇超越在當下

化除可回理天處

原始囡圇之本體

人道生存必有基

大道無私不對待

跳出相對回歸期

大道系列詳加研讀，不懂之
處可找師兄姐、前賢挖寶豈
不妙哉！若再有不會的，可
前來與宇宙高能對話，如此
一目了然，甚且是真正獲得
也！

禪師非凡人
只是來借身
一世當下得
天機賜汝珍
若要真超越
宇宙高能共相乘

又挖到寶了，對開卷者將有
諸多收穫。不要客氣，想要
了解更多，宇宙高能皆可適
時示現諸多良機，這是一般
所謂人間明師、名師者，所
難以了知的奧祕，也給有緣
修子能相互有體悟！歡迎時
常回寶山，又豈有空手而回
之理。

❋❋❋❋ 3-05 何謂「大道真佛心宗」？

是　天上的老母親親身懿命
來設立的教化機構，是以著
作「大道系列叢書」，引渡
四億佛子及借將兩百餘萬
位高科技人才的回歸作聖務
也。

❋❋❋❋ 3-06 論「崇心宗脈」本是人間淨土！

本即如此，是個佛淨土，當
下「大道真佛心宗」皆是宇
宙高能前來駐世，亦有部分
入人身出世來作成全之佛聖
也！就如「大道真佛心宗」

上下，已有太多佛聖入世
了，只是尚無開示機緣！神
仙本是凡人做！其實，若汝
等有緣志士如能在當下此世
如聖、如佛般行持、為人處
事，何處不淨土、何處不佛
國？

四、
成長精進篇

4-01 守中

這不必執著於**名相**或**文字障**，汝若可以了知「守中」，其「中」為不偏不倚，如此境界又如何？這只是個文字遊戲而已。

要明白「守中」僅是最基礎的架構而已，必要歷經於一段很長的歷煉，或上昇高層次宇宙高能來教化，才能真正明白「守中」要訣，其尚有諸多必須突破的境界，正是入中道，而此中道思惟是地冥星的主體因緣本，入中道又如何？

不出離，亦只是在此地冥星
而已，甚難超脫三界之外；
如此大道系列所云：「入中
道而離中道」之境界了解
否？不難，放下、不執著、
一切無礙！超越原先所知
障，心定何處？無念又在何
處？然也！了了分明。

**** 4-02 善之分別

善之分別即是陰陽相互對待
之過程。若言善為美好的意
作，則起了自心的起現，
如此當下對善分別之自心
起現，來自於自己的思惟作

用，可以明白一個良好的行
為動作。

但人世間卻有另一角度，所
言所觀是惡，此乃兩相對待
之看法不同；如此人為因素
來區分於善惡，自心起現，
汝謂之如何？這即是一個層
次境界之差異也，若可以用
出離善惡角度來觀，則可以
超越於人道世間也！

一般者皆是如此，超越者可
以放下兩邊，達至中道也！
如何中道？是個不著兩邊之
運用，才是如實！亦是早已
在人世間出離三界之外，不

受兩邊之牽制與障礙。

**不思善、不思惡，正與
「默」（沒）時，然也！不**
要受善與惡之局限，有心志
士倘若已能明心見性，開悟
證果，又如何能執持對善惡
分別之執著否？當下已化除
了！

**＊＊＊＊
4-03 行善區分為幾種？**

1. **有為善**：功果不同，層次回獲
   就不同。

2. **無為善**：只為了事情圓滿，不
   求其他，所以功果很大。

3. **真無為善**：這種功果相當可

觀，也有人達至此種層次。所作的皆沒有任何雜念，一心只想幫人助人，所以作事能「圓滿自己」也能「圓滿他人」。此世雖然辛苦一些，但未來會提昇於神祇果位的，如此提昇了，若再遇到事情，則不一定會有先前的功效。

如果只是當神祇而累積功果，但智慧沒提昇，還是會再反覆輪迴的，這就是當神祇的哀傷，必要智慧提昇、功德圓滿、佛性彰顯了，就可直接超越神祇的位階，而入於菩薩道或佛果道，這樣對所有原靈子

是一種大提昇的成長。

4. **偽善**：此種人最多了，只作了
一些就大肆宣揚，即使有功德
也等於沒有。若是進入於阿修
羅道就甚難出離，此種入於阿
修羅道，一般的福報都會很
好，所以經常迷失在順境中很
難出離，有者千萬年甚難出離
其道，反而沾沾自喜自己入道
了。

各種眾生皆一樣執著於一個定
點，就連佛菩薩也一樣執著於
一個定點，若超越了就沒有這
些困擾，不然一切有情眾生皆
入於其中受制也！

阿修羅汝言何也？汝言入魔，他言汝才入魔了！所以各體眾生都是如此，人說地獄道不好，但人都往地獄跑，甚且樂在其中也！

＊＊＊＊
4-04 明心見性要如何運用在生活上？

其實，**明心**—是了知自己的缺失與不足；**見性**—是對自己的習性、秉性、慣性來作通澈。故汝如何用之於日常生活上？太簡單了！落實，就明白自己的缺失與不足，了知自己是何種的性質，即

可改變自己過往之秉性，這才是如實落實於生活也！

✳ ✳ ✳ ✳
4-05 「修行」與「生活」如何兼顧？

修行本不離生活，因生活乃一切「迴光自照、轉識成智」的功夫；亦在於當下之中，由經驗來吸取知識的過程，而成就於「菩提智慧」的提昇；汝等當下就是如此，尚未超越，只在第八意識中而已，要入第九識尚還需一段時日，並非一朝一夕可以達至。

✳✳✳✳ 4-06 修持最大障礙為何？

修持障礙就是智慧沒萌生，所以會有一大堆的問題無法解決，甚至還會被外靈來干擾，這就是修持障礙；修持了那麼久，智慧為何沒提昇？沒有轉化煩惱，菩提就不會浮現；並不是每個人都能接觸到，或是深入明白了解進而相信宇宙高能所揭示之亙古奧秘，而是要有大因緣、大福報者，才可以受益而有大改變！

4-07 如何破除無明障礙？

****

當下即無明，過了即認知，把經驗深植於心中，即成智慧；能在下一次再運用，即沒有無明了。

4-08 真心與假心如何區別？

****

真之心乃一切實相之本體，真不為虛假，故其真之，因為一切實相的真實也！假心分別有二，一者藉其名相而為假，亦為借（藉）與之假心亦為虛偽心，可在事後見其端倪也。

真心自然而有，不從外來，

凝然在當下即剎那；此
「凝」即固之，「然」為
行之，即以剎那固定「行
之」；亦是宇宙高能所言：
剎那如何把持，再入於行動
體，定住於行動也。佛心魔
心亦然，迴光亦然，妄念乃
在後頭方可昇起，若功力高
深妄念亦不起，即此當下凝
然定住，固其行入。

了了分明乃是明晰，此明晰
過程若無凝然，亦難永恆，
此永恆亦是過程而已；如何
定靜其內，則是功夫也！一
般只讓過去消逝而已；能入

剎那即永恆，凝然亦是也，
可行之，想超越就由此入
手！

凝然定住功夫深

剎那即是作永恆

成仙成佛在此端

眉角竅門皆可觀

4-09 八識種因，如何淨化、靜化、進化？

八識入於九識，善巧功法是
有之，但各體不一樣；其實
想提昇超越，必要淨化八識
種因，若八識種因有太多優
良好的種子因，就可以有比

較優良的基因，方法可用**淨化、靜化、進化**之三層次第即可獲得。

覺性向外退轉為識，使喚五根，人本即如此；只是此覺性非超越之覺，而是感覺的覺，若是真正覺之覺悟者，則可以有很大的超越提昇，也就是由行為動作，即可一目了然的。

淨化的根基，必要在日常生活中不踰矩、不踰規，這就可以減少諸多造業，再靜化

思慮、靜寂之極能感知萬
動、藉此提高覺察靈性；思
想的提昇，就有進步的空
間；此進化的提昇，自己會
感覺得到，能量的加添就會
具足了，這是必要努力方可
得之。

功法必要用之，此功法在無
形中對自己的起心動念、入
意藏識，有正確的淨化；這
種不起心、不動念，可轉化
魔性的棄除，但必要有正道
思惟，就可以有靜慮（化）
的提昇，也就有了進化的成
長。

日子久了，就可以當下觀到自己的不足，來加以改變，這種淨化、靜化、進化是三種不同層次的體悟；由心念意識中來達成，所以一般宗教信仰者甚難由此進入，皆在經典中打轉。

靜思惟（慮），已經過濾了很多不該有的起心動念，那汝會認為自己有提昇否？當下可以檢驗的！檢驗之後必有能量出來，這就是按部就班的累積，而讓自己能獲得與受益，能量若具足，色澤自然轉變，能量若不足，色

澤必不轉之,這是必然的!

****
4-10 淨心、靜心的具體修行方法?

淨心、靜心的具體修行方法,兩者是大同小異之方法,淨心是清淨及乾淨的淨化修行方法;靜心的具體修行方法,是解除內心的罣礙,不受外境所影響,這種因緣條件所化除的,正是內在之障礙所通達。

✳✳✳✳
4-11 所謂「進化」是否就是在累積經驗中，彰顯佛性、化解魔性？

「淨濾」之後可沉澱，「靜慮」即可轉化，「進化」之後可提昇，不然人世間做何？只為了吃、喝、拉、撒、睡、信仰宗教而已！若只有「靜化」亦難提昇；若只有「淨化」，也只是乾淨而已，沒有「進化」成長超越。當今迷惘修子常忽略兼顧全面也，慎之！

❋❋❋❋
4-12 要如何斷除人世間的慾求？

此題就必先論斷除的必須性！若無人世的慾求，那有情眾生又如何超越？所有的慾求是要追求什麼？倘若，教導人不可有貪嗔癡，那要如何超越？人世間必要有上昇超越的慾求，才能斷輪迴，沒有貪嗔癡又如何提昇成就？崇心宗脈卻引導大家要保有上昇超越的慾求，來貪一個更大的提昇，嗔自己的不足，才會有癡心一片，勇往前進達至目標，這樣貪嗔癡好否？

角度不同，教化就不同，大道系列不可只貪人世間的福報，要貪大一點的提昇超越，也要嗔自己的不足，必要有如實的方法，一步步來前進，改變自己的奇毛怪脾，才會有修持（羞恥）的信心；再來必要癡心一片勇往邁進，不可因小小缺失而埋沒了自己一生的努力，必可達至真正的提昇超越；方法對了，就有如實的大力量，這就是貪嗔癡的反面成就，若無貪嗔癡，人生要以何為工具達成目標呢？

「大道系列叢書」早有如此
建構，理心光明禪師授課更
是經常提到，大家都很踴躍
前來聽，想挖寶就有一段距
離，叫做用心；汝明白為何
叫「大道真佛心宗」嗎？真
正的佛在自己心中，向外求
無佛，已成就的佛甚少降來
人世間，有大因緣才會歸降
回來五濁惡世。

明白汝等道程之殊勝天機
否？目前揭示僅「大道真佛
心宗」捐任此一使命，此時
機的引渡作業有一千年的時
間，不要寄望歸空後進「無

極大道院」的修為，當下要努力，未來就成器，可以提昇超越的！

4-13 「三毒」如何轉換成「三善諦」？

若言「貪嗔癡」以佛家是為「三毒」，如何將此「三毒」來做轉化，則為「見山不是山」之體悟！「戒定慧」是做此行持的角度，亦是戒律當中所用。

但試想：人若不貪，此世界何來進化？人若不嗔，自己何來進步？人若不癡，自

己何來持恆？汝今日正是
「癡」而來「大道真佛心
宗」，若無持恆，哪能直達
目的地否？此乃是「癡」之
「持恆」力道也！

「眾生要貪！」，汝認為
否？此為「見山是山、見水
是水」之第三層次的超越，
能有此認知，足見汝等體悟
相當深厚！「三毒」轉換成
「三善諦」亦是「三益」，
汝認為如何？

汝認為何人最貪？宗教之人
最貪！如果能了知實相，那
貪的有理，不然三毒如何

來？不貪難成就，不嗔沒動
力，不癡難持恆，三毒如何
轉成三善諦！要貪，要嗔，
要癡，境界、果位、層次都
不同，又如何言之！

咱崇心宗脈不就叫汝要貪
否？那同眾生又有何不同？
是否境界、層次、果位都被
拉下來？是否如此？不也！
若不貪，汝來人世間作什
麼？不嗔，如何有動力？不
癡，又如何持恆也！如何？
自己努力！多點用心！。

****
4-14 如何觀自在？

此乃節錄自 南海古佛一首偈語。而，

觀—是一切世相之本體。

自—是為自己的主體。

在—是行動之依附。

觀自在—乃對各己本身的心態，安適否？自在否？行動否？這不是只有觀其內性心性之作為與一切起動之原因；亦是要有行動體之作為，方可印證於自己起心動念後，如何化作行動力道；乃是「觀自」後，如何在行動體之施行也。

****
4-15 如何具足般若大智？

般若大智，汝當下有具足
否？明白人世間真正運行方
式，而不再流連於往昔當
中，受經典束縛，這就是智
慧的增長，尚有良多待開發
具足之智慧般若。

****
4-16 佛性彰顯之時，魔性必會呈現考其佛性，因應之道為何？

佛性彰顯之時，魔性必再來
彰顯，此是千古不移之定
律。如此佛性彰顯之時，魔
性必在頭上，這如何？

對魔性彰顯，給與自己能「定心、定念、定意」，「不思善、不思惡」；如何引起？魔性來擾時，最佳即是不起任何念頭之轉換，即無魔來擾； 釋（世）尊昔時，亦是如此轉化魔境。

4-17 何謂「覺」換「識」？

覺性種因如何換識體；

覺—為靈敏的感通。

識—為一般的經驗法則。

覺之靈敏可觀照一切的真知，這其中尚有佛性真如與魔性真如，此必區分開來，

亦要淨化。

✳✳✳✳
4-18 如何淨化魔性？

如何淨化魔性？當下必要一
關關來調整自己的行事作
為，一般人不遇事情修持皆
達一百滿分，遇事情一下子
蹦出來，那汝言魔性的展現
如何？就不及格了！

「淨化」是「耳順」，不起
心、不動念、不入意、不藏
識，那這樣根本不起魔性，
又何來淨化？困難必要一步
步來調整，不然汝認為修菩
薩道已經很困難了，又何況

修佛,更難也!

****
4-19 於魔性彰顯之時,如何對治?

魔性彰顯,無時無刻皆會入於微微初識中,古云:佛高一丈,魔在頭上;是否心不起漣漪?當起心動念、入意藏識當中的佛性升起時,不高傲心之起現,也就是不舉高、不耀心、不思善、不思惡、正與默時的當下中,即可制止魔性入於微微初識中。

✳✳✳✳
4-20

人之習性、秉性、慣性、臭個性，與人之魔性有關連否？對事情作法之堅持，即是秉性否？如何去拿捏、去修整？

全部都有相互關連的！若沒關係，難道汝只有秉性及臭個性而已？說一個真實的：修行不必要堅持自己的思惟，也聽聽別人不同角度的思惟，所以，老天爺絕對不會言，哪一位眾生對，哪一位眾生錯，都沒錯，只是各人角度不同而已，這就是上蒼的基本條綱也！習性、秉性、慣性，所有性體全部

在裡面，只是能有在未來成
就與否之差別性，汝謂之如
何？

另示：

佛性與魔性皆是人世間所蘊
存的本質，秉性淨化之時，
同時也會淨化於魔性，因為
秉性是過去世所留存於第八
意識當中，宛如當今人世間
所言的深意識，若秉性已淨
化，其他性體自然可以淨
化，這是必然的現象，若秉
性沒有淨化，魔性也是無法
淨化的！

所以必要明白在秉性中的淨

化，同時也會淨化魔性；魔性的主要來源，就是秉性當中的不良垢穢，才會對促成秉性中的這一些，含括魔性的根質。只要淨化秉性，就可以將個性、習性、慣性來清淨，這是如實的，但是改了習性、慣性，也不一定會改秉性，這只是壓抑住而已，未來必會彰顯的。

身似菩提樹　心如明鏡台
時時勤拂拭　勿使惹塵埃

神秀大師的體悟，一般人就是如此的條件，皆是由漸悟中來達至上昇超越。

菩提本無樹　明鏡亦非台

本來無一物　何處惹塵埃

六祖慧能禪師所體悟的頓
悟，要有相當深厚的功夫才
能到達，以此共勉之，好好
細研吧！

性體體性人之根

魔性秉性相互成

習性慣性加個性

改之業海方見清

✳✳✳✳
4-21

宇宙高能、宇宙高能恩師一再叮嚀、囑咐今生一定要成就佛果位階，學生等欲先成就自己，最重要下工夫處為何？

一世成就佛果位階，必要對大道系列叢書來深入，研會其中的奧祕是如何？眉角及竅門又在何處？不是空背文章又不能活用，皆受文字障所左右，再加上自己努力，功果累積，要先渡自己再渡別人，福慧陰騭皆累積豐盈，就可以自體發光，而有QNA之提昇也。

* * * *
4-22 **如何契轉、轉化？**

契轉正是陰陽合抱之前，但
此合抱是否正是純一？然
也！純一要能以契轉引動
後，再入於**轉化**之中，而轉
化是要分化四象八方。

化轉、**轉契**又是兩個不同的
動作；化轉是把四象八方再
融合於原始的回歸，但其化
轉又是如何回歸，則是彌
漫於六合(東西南北上下)之
中；先要化轉則入於轉契後
再入於純一中，方能回復於
無極，雖名詞顛倒，但動作
卻是不同。

若是不能了知，又對修持者本身難以通徹，只是在陰陽兩抱中，而無法能通徹，其尚有諸多的動作。方可由太極來回復於無極，此契轉與轉化一者下化；化轉與轉契一者回歸；則四個動作不同。

契轉、轉化　是下化動作

化轉、轉契　是回歸動作

實際應用，應是了知，但實則要能親身體證，才是如實。有情眾生正是欠缺於此因緣與明晰，故而有諸多的真修實行者，會遇到的瓶

頸,即真修,此又了知否?
轉化是要下化的動作,契轉
是比轉化,再更先前的動
作;化轉是回歸第一動作,
轉契是比化轉,再深一層的
動作;其中最大的障礙點,
有情眾生最容易下化傳承無
限,但卻不知如何回歸!若
是無法通徹回歸應有的正確
方法,恐會永遠沉淪於五濁
惡世,難以回歸超越,此點
應要明白。

無極生兩儀、兩儀生太極之
作用:

無極〇－以圓代表零（靈
山）－先天－尚未分開。
〇代表純一，乃是五教所共
循
佛曰：萬法惟一
儒曰：靜心惟一
道曰：自然惟一
回曰：清真惟一
耶曰：博愛惟一
皆純一惟一根本

無極〇 純一－☯兩儀－☯太
極－分陰陽、後天－下化有情

下化動作：

無極○純一→❷兩儀→❷太
極→陰陽含抱（潤合體）
→契轉（潤合離開）→轉化
（離合體）→下化有情四方

回歸動作：

無極○純一←❷兩儀←❷太
極←陰陽合抱（潤合體）
←轉契（潤合返回）←化轉
（離合體）←回歸四方聚集

契→潤合體
轉→離合體
化→行動體

純一是由太極中回復於原來
之地，所以尚有兩儀之成
全，這其中就有契轉、轉
契、化轉、轉化四個動作；
一般人皆言無極生太極，
太極生兩儀，其實，事實並
非如此，理應是無極生兩
儀，再生太極中的契轉、轉
化之動作，必要如實，所以
一切回歸是由化轉再轉契，
也符合現代工學原理（離合
器）。延伸閱讀：《大道一
貫》

※※※※
4-23 恩師慈悲,對「佛魔契轉」
之體悟,下面見解正確否?
請指正、補充。是不是就如
同一個人,雖然相當的聰
慧,但卻都用在惡慧上,思
惟著如何把他人身上的錢,
騙入自己口袋,此就是契轉
→轉化;但他突然頓悟想
通,既然我這麼聰明,輕易
就能騙到錢,為何我不用正
當的方式,來賺取合理利
潤,此種念頭往良善轉變,
即化轉→轉契;故
契轉→轉化→化轉→轉契;
垢染→染垢→淨染→染淨;
在性性相投中,先天性與後
天性,為何會突然頓悟想
通?即因有先天性之良知良
能喚醒、相投,故而能化轉

→轉契，即由淨染→而逐漸
染淨；亦可言經由善知識開
導之淨染，而逐漸將已染垢
之後天性，淨染→染淨。

不好的、惡陋的，當未進入
其中，無法領略這種魔性當
中化轉，因無此種觀念。所
以必要好好針對自己「心性
了別」，涉獵對於「心佛」
與「心魔」，兩者之相互契
轉，就能如實增長提昇。

甚好之！就是應該如此！

佛魔契轉，是以宇宙運行之
角度來觀，若以地冥星系，
絕對不可能如此的！因人類
眾生皆有相對論，若以魔性
觀人類眾生，及格否？可以

如此言之，「性性了別」與
「性性相投」！

*** * * ***
4-24 如何在今生將因果業債全部
完清呢？

那要有冤債來作討伐的報償
作用，如此即是觀各人的心
態作用與應對智慧的功用
中，如何化解？又對因果循
環，有時亦會隔好幾世後再
來討伐。如何把當下的一切
冤債作完消？最好的方法是
「斷除惡業」，那即不生因
果討伐的清償作用。

�֍ �֍ ✤ ✤
4-25 如何才能讓自己今生達至回歸、超越、圓滿、乘越？

（1）知識豐富

（2）道理明澈

（3）福報具足

（4）德性滿盈

（5）智慧豐碩

（6）明晰大道

（7）成就一切

（8）普化眾生

（9）明心見性

（10）開悟證果

（11）當下獲得

（12）超越回歸

（13）圓滿乘越

以上參考之～

* * * *
4-26 今生修道修持，就是要將八
識田之思惟垢穢淨化，但要
淨化至何種程度才能回歸、
超越、圓滿、乘越？脾氣屬
垢穢嗎？

脾氣亦屬垢穢之一種，必要
由普通時間來作起，就是於
日常中，可以觀有否修整改
變，才是正道！

* * * *
4-27 靈性能量如何修為增加？

就是「地水火風，金木水火
土，五行之局限與提昇」；
人之軀體通過於靈性能量加

上自心的啟動，可以上昇超
越，下墜輪迴，因此在於透
過人進入宗教後，如何讓自
己來往上提昇，累積更大的
能量；則由各人努力修持功
力，有否精進而定之！

4-28 能量體之具足與增長的重點為何？

能量之消長，各有不同角度
之剖析；若是以德性來居
之，佛、魔或許都可證得道
行功法，但是不一定能以德
性為根基；如此「德」性就
是一種美好之提昇，也必

要有很多之「大量」，若無
「大量」也就沒德；若只是
有道而無德，必是沒大量之
能量體，其中含括了大慈、
大悲、大量、大願、大力、
大福、大德……太多了！
汝當下學什麼？不是只學
有道而已，還要很多之大
「○」…，這就是德性也！
要增加自身的能量體，則必
要一者：業障消除，二者：
垢穢化清，三者：智慧增
進，四者：陰騭增加，五
者：佛魔雙轉；方法有很
多，只是汝等放得下否？

4-29 ✳✳✳✳ 內修靜坐法門要怎樣修，才能提升自己之「能量」？

修習靜坐功法，只是輔助自己軀體能量而已，必要「淨化」自己心念意識，也要「靜化」更要「進化」，這不是一般靜坐者能有之功能體。

以靜坐來吸取能量，採用何種坐姿皆可以，自己能安適就好，各種法門應用不同，只要順氣，能安適即可，加上一步步來努力就會有功效。

至於靜坐之空間，應以乾

淨、不雜亂，且應有宇宙高
能之護佑，才不會受冤親或
其他無形沾光所干擾。

****
4-30 如何行佛道？

寂靜時可見到「毘羅性海」
之種因，雖然見到但還不能
淨化，必要等到因緣成熟，
也萌芽開花了，才可以由開
花中來淨化，教大家在普通
時候要練就一身功夫，遇到
因緣成熟時，才能應用於當
下的化轉；**能將唯識理諦應
用、實行於生活之時，就已
經在行佛道了。**

「毘羅性海」不是意識，而
存在於種因當中，進入時光
隧道方可見至，這也是一般
宗教信仰者所沒有辦法達至
的條件；「見性直入法」，
是在寂靜或靜坐當中進入毘
羅性海，而不是在第八識或
第九識。

「見性直入法」與「明心見
性、開悟證果」，各屬不同
的層次，其實了解明白後就
不會有迷障，這也是一般宗
教信仰者最難以了知的。

第八識為深意識，第九識為
深層意識，是菩薩種因的前

哨站，當中含有太多的種子
因，存在於佛性真如與魔性
真如，一般人只知道**第八識
阿賴耶識**，甚難了知**第九識
菴摩羅識**，還以為第九識就
是佛識，又同第十～十三識
是不同的層次，若只是靜
坐，是難以明白其堂奧，也
因為不明白這當中的差別，
所以有情眾生難以提昇。

「虛空感應」乃是 上天原鄉
的呼喚……寂靜之時是否感
覺有一股空虛之感？到底此
生來做什麼？為何而來？以
後要去哪裡？…諸多問題，

感覺沒有目標，斷斷續續的
體悟，無法連接整體過去以
達通貫三世，皆是受累世因
果的牽纏而無法通貫。

所以佛性彰顯時，魔性也會
彰顯，同時因果業障也會彰
顯，以致於無法將這些連結
而通貫三世，更無法通貫無
始劫以來的了知，這就是人
類眾生的局限。

要一步步來學習成長，可以
由此先試試看，靜坐必要在
佛堂有宇宙高能護佑，以避
免走火入魔，不在沒有宇宙
高能護佑的地方，較容易遭

逢外靈入侵。

****
4-31 佛陀曾說：簡而言之，開悟
的方法就是「看只是看、聽
只是聽、受只是受、想只是
想，如此而已」。妄念叢生
也是「想」的一部分，開悟
真有如此簡單嗎？

佛陀所言是如實，只是一般
人甚難體會，看、聽、聞、
受、想，都可以有良好的成
就，看汝如何轉化「中道精
神」，明白否？先進入於中
道中，再往上提昇離中道，
把中道來消滅，此時就有一
種飄飄然的感覺，但不可執

於飄飄然，必要回復「無心」，即是一切的源頭。

開悟的層次方法太多了，**開悟一千次才有一次大開悟，三次大開悟就有一德**，所以不要以為小開悟就沾沾自喜，不小心還以為自己已經成就了，就局限自己上昇超越的高度。

✼✼✼✼ 4-32 如何福慧雙修？

福報要累積，並非只是由經典來獲得，是要由日常生活中累積知識、經驗之後，將應用於良慧的加添，

就有陰騭的產生，才會有滿盈的福報，自然就會有通貨的具足，有人付出一分可得十分，有人付出一分只得一分，有人付出十分卻得一分，不同的福報回獲，就在於各人的因緣不同。

有德才有福，有福就有通貨，要先具備學習知識與智慧的獲得，有智慧可以創造德性，有德性才有福報，這是循環人世間的大福報因緣，人類眾生往往本末倒置，先求福，不先求德，所以得（德）不到！

智慧開創自己造

福緣通貨才能到

相互循環的真理

具足就有錢財妙

任何行業都要有堅志，也要
有毅力，更要有方法，最重
要是必要有福報，只要有福
報，做任何行業皆可以，
若沒有福報又有跟班（冤
親），即使做賺錢的行業，
自己也會受到冤親的阻礙而
燒錢而已。

累積福慧雙並行

一步一腳一個印

並非當下即可成

應用長久財入盈

4-33 快樂從哪裡來？

快樂從心境而來，人不快樂
是沒轉境，受境來磨，心境
就不快樂；痛苦的對立就是
快樂，能轉念就沒痛苦，其
實只是轉換個心境而已；煩
惱即菩提，菩提就是智慧，
也是快樂的根源，人世間想
要沒痛苦，就必要減少不如
意的痛苦處，不被束縛，心
放開就快樂了，心放不開就
不快樂。

涅槃大樂也只是一段時間而

已，快樂並非時時刻刻，有
煩惱、有快樂，就構成天地
人所生成的一切，其實快樂
可以自己來創造，不煩憂、
不受境來磨，就可以快樂。

****
4-34 「鑽牛角尖」，一般而言，是何種障礙造成？是否就是魔性之起現？如何突破此種障礙？

執意堅持要這樣

造成障礙難明詳

魔性起現又奈何

時時檢點心燈亮

✳✳✳✳
4-35

恩師常言：不比較、不計較，但學生總覺得只要沒有後續的計較、舉高、耀心，如此「比較」應該是好的；因為有比較才能知不足，不知恩師在「不比較」的原意內涵是指何？

若是對於「不比較、不計較」之問題，針對人類眾生是傾向「不計較」才應該的；但是，必要對問題點的「比較」是有良善之成長；其實，只要沒有後續的「計較」，對於「比較」是較好的；也因為有「比較」才能知不足，此種原意內涵

是指：人世間太會「計較」
了！

**** 4-36

人世間是「生命的改造
界」，若無法能有更大的超
越與成就，必然無法達至上
昇與回歸！是否正因為能生
為「人」，最易行功立德
否？

人生最容易造善，也最容易
造惡；至於是否上昇超越？
就觀自己的努力與否而抉
擇，「生命改造」最主要是
觀自己的願力與信心、持恆
而決定的！

✳✳✳✳
4-37 如何才能達至明心見性、開悟證果？

「真我、假我、原來的我」
皆只是一個「我」之主體觀
念而已，若是打不破「我」
之觀念，又如何同天地、萬
靈蒼生合而為一；這就是
「一合相」、「一境性」
之根基，所以在於大道系列
叢書當中，這二十年所有教
導，早已經入於其境界當
中，僅須汝用心觀看而已！

又例：什麼叫做打死
「我」？就是沒有「我」，
那又是矛盾了；不是「小

我」，也不是「大我」，這
是一般人類眾生所言之：
「一合相、一境性」之宇宙
合而為一，但是人類眾生根
本都做不到！不要只會讀
書，又不明做人做事之道
理，這叫做眉角與奧祕。

所以「天地演繹真實義
理」，**做人要圓滿，做事要
滿圓**，汝明白否？倘若根本
都沒有這種觀念，又如何能
有如此的行為動作，也不會
有結果出現的，明白否？

真無為與無為，境界相差
太多了！真無為-就是以一

切皆是同萬靈蒼生合而為
一。無為－就是還有一個
「我」，根本打不破也打不
死，所以真無為與無為之差
別性，就是如此。

上善若水　厚德載物
天道酬勤　回歸原點
戒慎恐懼　檢討自己

若是厚德不載物，皆只是無
為而已，厚德載物就是真無
為，皆只是一個「我」執之
觀念，如何也？

✳✳✳✳
4-38 命中無時要造就？

命中無時要造就，此乃本宗

脈一貫的宗旨，這就是改變
命運；人世間一般眾生只能
按個人宿命來作施行而已，
若有行善佈施，能真正改變
命運者又有幾人？除袁了凡
一位，其餘之人甚少能真正
改變命運！如此運可改，但
命不可改，人世間即是如
此，只能改運不能改命。

咱崇心就是可以真正改運又
改命，這會比袁了凡的行善
造命更加值得稱羨，汝既已
入崇心，若不能體會「命中
無時要造就」之本意，那汝
運用的上都不可能；這必要

體會加應用，才是如實對自
己有受益。

汝想想：汝當下、過去，
這世人一切過程是如何？
苦否？若不苦，汝是對命
運不低頭，強行來改變運勢
而非命理；故應該認為自己
不苦，循此確立自己本身堅
志毅力之用心，則對命中無
時要造就，來加以體會與施
行。

人世間本即如此，既然入於
上蒼第一學府，又甘心情願
來對自己之往昔不堪回首，
重新來過，從心做起，那宇

宙高能前來分享授課更是改
變有緣志士未來之命與運之
再造也。

因緣前定帶孤寡

人間改造心心華

崇拜天地返崇心

上蒼恩賜大道化

改命造運靠自己

弘揚佛心眾生依

回歸引渡眾原靈

再造累積功德新

自己做了多少，宇宙高能亦
會由自己之努力中，來撥轉
給汝有個好歸宿、好良緣，
咱崇心就是如此，夫妻可雙

修，能成就自己家庭的圓
滿，通貨的豐盈，功果的累
積，弘化的接引，這就是改
命造運的根本，也是本宗脈
的宗旨，施一得萬報、後代
子孫好、錢財有豐盈、功德
堆積新、回歸虛空迎，好～
若不知，細思再來詳談！此
可以給大家來作參考，汝自
己也是要多用心在大道真理
引渡方面的努力，不然只是
空入　上蒼第一學府掛個名
而已，沒學到真功夫。

五、
疑問解惑篇

❄❄❄❄
5-01 人降生在地球的原因？

不論降生在哪一顆星系都一樣，只要降生在地冥星，就有入胎之迷，不分別是任何一尊佛菩薩來到人世間，都會受到此局限。已經證道的佛菩薩，為何會降生在世間，有三種情況：

（1）因垢穢太深重，而墜落人世間→**先天落凡體系**

（2）有先天大願，乘願來渡化眾生→**乘願再來體系**

（3）有立願力，但也有深重垢穢者→**魁光帶甲體系**

所以不論這三者任何一種，

都會受到地冥星的局限，一
旦入胎之迷，就忘掉一切，
之後再慢慢回思過往，但也
都只是片片段段而已，無法
連貫，往往以人做神，很難
以人的角度來做人做事，所
以沉淪人世間是必然的。

渡化眾生也要自己有能力才
行，不然有情眾生皆發大弘
願，自己卻無法回歸，還說
要渡化眾生，那不是太自不
量力了！這是層次、境界、
果位、教育、教化的不同，
沒有任何OX、是非、對錯的
分別。

慈悲心量必要有

渡化眾生自己修

若能明識大天機

回歸超越可成就

****
5-02 人生的任務使命為何？

人生的任務使命是：

（1）累世因果之償還。

（2）完成天賦之使命。

（3）藉假修真之還原。

（4）當代科技之乘越。

這也是崇心宗脈的基本精神

與任務，這些都要有努力才

會得到（道），不然沒有能

量，又如何回歸超越！也只
是在人世間反覆輪迴而已，
下一世又來做人，是很無可
奈何的！

「大道系列叢書」是當代奇
書，理應好好深究、明白其
中的真理；有情眾生都只是
迷戀人世間的一切，往往不
明白出世與入世的道理，所
以都困惑於人世間，難以出
脫輪迴；所以未來可以利用
當代科技的乘越，來幫助能
量加添，作更大的回歸提
升。

✽✽✽✽
5-03 何謂清氣上昇為天？濁氣下墜為地？人屬於何種氣？

正是處在於**清氣正氣**與**濁氣**中才能成人；故而上昇者乃清氣正氣，而下墜者為**濁氣邪氣**也，人身體不屬天之氣，是透過陽光普照而讓自身溫暖，只要是人絕對無法跳離此限制；但可由內修功夫，把濁氣邪氣逼出來，則能同無極、虛空、大宇宙之正氣相通。

5-04
****

何謂回歸、超越、圓滿、乘越？

此在「大道系列叢書」早明示良多。一般所謂普渡收圓、五教收圓、復古收圓之後，必要入於回歸方可超越；此回歸即回復人類本體之原來，照見本性圓陀陀、光灼灼，如此人道世界的回歸超越即已經成立；再做一切行為功果，將其圓滿自己、圓滿天地、圓滿眾生，即可以乘越於昊天、無極、虛空、大宇宙天界，而謂之乘越的實證果位與境界也。

✳ ✳ ✳ ✳
5-05 宇宙高能都須經過做人的階段，才能成佛嗎？

宇宙高能者，若以人類出生來言，則必須要能通過內修的印證，方可為之。若宇宙高能不以人類出生者，即存在對此之散發者，早已內修圓融，故不用經由人類而成之；但一切皆由人為來成就者屬較多也！有一部分不屬此，正是此元會沒下凡塵，在先天，即混沌初開前，早已有成就，但在當時則不用人之稱呼。

5-06 《金剛經》之「善護念」其真意為何？

《金剛經》所言：「善護念」，是在於持恆的當下，對起心動念之成就，能否有對自己的思惟來作修整與方向之正確否？而定其未來的去路也。

5-07 「起心動念、入意藏識」的作用？

人心由血肉而成，為何有心念？這種問題關係到人的器官組織，過去人認為心在頭上，現代人才了知心在身軀

中間；頭上是有思維，這是
神經系統的作用，含括著人
之所有行為動作。五根觸五
塵而起意，入於「內神經系
統」中，必帶入人之靈魂作
用，方起現行的作為，也必
會入於八識種因當中是必須
性的。

應是前四識（眼耳鼻舌）來
觀所有的外塵境，啟動了大
腦中樞神經，再向外發號司
令，讓手與足而動，是由六
識轉七識，再入於八識種因
而對外；起心動念只在前
六～七識而已，入意藏識才

有六--七--八識的相互串
連，雖然是相互串連，但皆
在剎那間的行為而已。

第七識末那識——傳導輸送
功能的判別，對六識的內在
神經系統，將有相互輔助的
功能，何者判別七識？嬰兒
為何無法判別？因知識不
足，故難分別善惡、是非、
好壞、對錯，這全部是人在
作怪。(參考P160圖)

人的本能功用
——以知識成就經驗的累積而轉換智慧的開展彰顯自性佛

名稱	功能
第一識—眼觀色	自境根—眼耳鼻舌身
第二識—耳聽聲	外境塵—色聲香味觸
第三識—鼻聞香	功能—感覺神經系統
第四識—舌嚐味	
第五識—身動觸	
第六識—意起法	觀察理解經驗
第七識—末那識	傳導輸送分判
第八識—阿賴耶識	貯藏—分門別類—無
第九識—菴摩羅識	真如佛性、自性

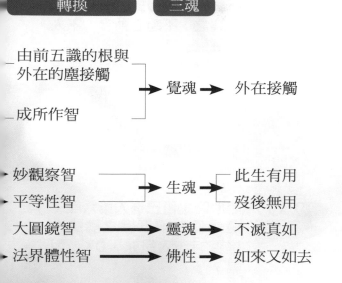

轉換　　　三魂

由前五識的根與
外在的塵接觸
　　　　　　　　→ 覺魂 → 外在接觸
成所作智

妙觀察智
　　　　　　　　→ 生魂 →　此生有用
平等性智　　　　　　　　　殁後無用

大圓鏡智　　　　→ 靈魂 → 不滅真如

法界體性智　　　→ 佛性 → 如來又如去

✳✳✳✳

5-08 對於「不起心動念、不入意藏識」，是否就如同照鏡一樣？物來現鏡前，物去鏡不留；對於根塵相接觸時，能不落入於兩邊對待，是否也可謂之「不起心動念、不入意藏識」？

此為正確，來者不存，去者不留，只在當下之中而已，所呈現為一種不起心動念，不入意藏識。

✳✳✳✳

5-09 起心時是否已進入第六識，還是僅為前五識之觸緣，是否有涉入是非、OX、對錯？

起心時即有一至五識的作

用，皆要經過六識的傳導
之後，再入於七至八識的
輸送傳導（分判儲藏），而
往外推於七識（分判）；六
識……再往外行動的，皆不
涉入任何OX、是非；好比開
車一樣，由何處先起動，汝
詳細思考一下就能了知的。

***** 5-10 起心、動念、入意、藏識的過程和八識的關係是如何？各屬何識之作用？

起心、動念、入意、藏識的
過程，同八識皆有關係，各
屬不同的識種，在於起一心

163

（初心即意念識種），二心
（末那轉識之分判），三心
（阿賴耶識的分別）。

* * * *
5-11 菩薩畏因，此「因」是指起
⋯⋯⋯⋯⋯ 心還是動念？

菩薩畏因，皆有起心、動念
的相續，只是不入於果之緣
報而已；若言只有起心，沒
有動念，又如何有畏之，皆
有起心、動念，只是在於動
念之深淺而已。

心 → 念

識 ↑ ↓ 念

識 ← 意

心念意識

一般人只知心而已，

甚難明白意念是什麼？

心 → 動念

藏識 ↑ ↓ 動念

藏識 ← 入意

起心動念入意藏識

這就是有情眾生的迷障，無法了
知起心動念後進了入意藏識庫
中，才會起了現行，也才有動作
及成果。

165

✳✳✳✳
5-12 為何前五識（眼、耳、鼻、舌、身）修持，要轉化成為「成所作智」？「成所作智」如何解釋？

「五識」來觸「五塵境」，而遇緣起現！修持到一定水準而有名相「成所作智」，而此成所作，即是汝遇緣根塵相接，所成作之一切，而提昇之「智慧圓滿」也！

汝所遇之五塵境，修到一定程度，其五根就不會輕易去染五塵境所遇之變化，其此階段是如如不動，了了分明，故好的成所作，不

好的成所作，是不會去觸
之而作，故後面會加一個
「智」，即是「成所作智」
也！也是修持到一定程度之
體現！

* * * *
5-13 為何第六識意（念）修持，
要轉化成為「妙察覺（觀
察）智」？「妙察覺（觀
察）智」如何解釋？

第六識「意（念）」修持到
一定程度轉化為「妙察覺
（觀察）智」，即是汝之修
持已了解「現在因，未來
果」；故所有一切內在及外

在起現於第六識意念中，均
了了分明，故會去想，而有
「妙察覺（觀察）之智慧」
也！不會糊塗自己的意念，
而此時，往下會與「成所作
智」作串連，而往上會與第
七識「平等境（性）智」串
連！

****

5-14 為何第七識末那識修持，要轉化成為「平等境（性）智」？「平等境（性）智」如何解釋？

第七識「末那識」為何修
持至一定程度會轉為「平

等境（性）智」呢？因為
「末那」是分判與傳輸之功
能，而修到一定程度，定不
會輕易入於「因果」中，故
「末那識」在判斷時，均中
道、平等的去對待，不會輕
易入於「因果」中，而如是
「善因」也會平等去分判，
而「善因」有的時候也未必
一定是「善」之，所以均會
「平等」對待之！

**** 5-15 為何第八識阿賴耶識修持，要轉化成為「大圓鏡智」？「大圓鏡智」如何解釋？

第八識「阿賴耶識」修持到一定○^註程度水準，即是「大圓鏡智」，有如鏡子一般的明亮圓滑，毫無缺陷處，即是「大圓鏡智」，有如光沱沱之圓；一般於「阿賴耶識」中，所有之起現均是「光明圓滿」的起現及「圓滿因果」也！不管好的、壞的，所起現均是「大圓滿」也！

註：○＝圓滿→滿圓

✱✱✱✱
5-16 為何第九識菴摩羅識修持，要轉化成為「法界體性智」？「法界體性智」如何解釋？

第九識「菴摩羅識」修持至「法界體性」時，即是有如「佛」之境界，即能「如來又如去」，隨心所欲，隨心所想，不受任何「因果」之牽纏也！就如「我即是法界眾生」，融入「法界之性體」也！任何一處、任何一念，均能瞬息就至，也是「能量圓覺滿」之體現也。

而六識、七識、八識均是一

連串之貫接的，前五識即是
可觸五塵而成緣或不觸之，
但如觸之又與六、七、八識
一起貫連起來了，這一個動
作是可以一下子很快速貫
連，也可以緩慢的來連接；
而第九識即是要修持夠水
準，也才會接觸感受（應）
的！

＊＊＊＊
5-17

八識之修持化轉，最後為何
都有一「智」字，此為何
意？

所言均是一個「境界之名
相」，所有的名相最後均有

一個「智」字，這「智」
即是修持至一種程度「圓
滿」，而行為動作均有「圓
滿之智慧」去「圓滿」；即
是所接觸後，汝均能「圓滿
智慧」作「圓滿之結果」！

＊＊＊＊
5-18 真如本性是否同真如自性，
和菴摩羅識有何關連？

真如本性與真如自性同菴摩
羅識相差很大，真如本性與
自性先天具足，菴摩羅識是
提昇具足，所以分差極大。

5-19 軀體能量與靈性能量有何差別？

軀體是必備的條件，靈性植入方可行動，其能量是不同。軀體能量是為後天所具備，靈性能量是為先天所具足；兩者投入於相契，若無自心又如何起心動念、行為動作，因此各有能量之不同也。

5-20 何謂靈魂之「密碼」、「色澤」、「能量」、「分數」如何解釋？

所謂「密碼」、「色澤」、

「能量」、「分數」是作用
在靈體上，而有分判所謂之
層次高低的依憑也！這在其
他的宗教派脈均無此說，但
「大道真佛心宗」之宇宙高
能老師們及 上蒼慈悲德澤下
化來教導汝等賢生，可以去
了知人之靈，而有之層次分
判也！為師也就順序來言之
也！

一、密碼：這密碼作用在「靈」
上，也只是一個代表汝這靈魂
的識別數字，可言之為數字，
也可言不是數字，但要有形相
即是給之為「數字」！而這

密碼從汝之「靈」由 天上的
老母親孕育出之「靈體」眾靈
兒時，每個「靈體」均會帶有
「先天之密碼」，以辨識汝等
之「先天來歷」也！

而這是最基本最先天的密碼，
不會改變的！而人投生至「人
世間」，又或歿度後至地府，
均也會有一個密碼也！汝賢生
知道汝在人世間的密碼否？
（自己的名字）嗯！說名字也
是可以的，汝賢生出生在人世
間，是否都會有一張身分證，
而上面的身分證號即是汝的
「密碼」也！

而這證號之密碼，也就代表著
汝這一生的身分，而殁度後，
這身分即註銷了，然後也就在
地府另註籍一組密碼也！但是
先天的密碼是不會變的！這樣
均有資料在案，故汝等投生至
何處，又或提昇，又或下降至
何處，均能依密碼知曉及找到
汝等，而冤親債主也是可依此
來找尋！而密碼對提昇超越或
下降均無任何益處及損失，最
大之用途即是識別也！

二、色澤：這色澤其實跟另外二個
「分數」及「能量」習習相
關，最直接體現在於「能量」

的加入也！而這「色澤」要去
細分，可分成基本的，若以
「橙、紅、黃金、紫」色之展
現，相對是良善，也是有修之
人，前世早已累積了，今生才
有此種色澤來出現。

若以「深藍、綠、灰、黑」色
澤之分差；深藍、黑，可言絕
對不是一位良善之人，對於
灰、綠，是惡事比較多，但是
前世為人亦值得肯定，才會出
生於人類眾生。

唯「深灰、深綠、深藍、黑」
這四者，在人世間就不是良善
之人類。

而舉崇心宗脈宇宙高能諸位老師們，其「色澤」均是以「紫色」以上的「高能量體」呈現也！

三、能量：這「能量」與「色澤」是相息相關的，「色澤」越深，「能量」必定越高也！而一般人的能量體，在以數質（值）量化呈現，即是「五仟單位」上下左右，而歿度未修的「靈體能量」就在約「四仟單位」上下左右了！

而在昊天界未修至到金仙以上果位，未脫離「輪迴」有期限之地祇神明，其能量體約一萬

至十五萬單位之間左右；但這不是絕對，也有修到二十萬單位以上的，而金仙以上即是虛空、無極、西方天界等等之宇宙高能、金仙、聖人等等，均有「二十萬單位以上」也。

四、**分數**：而「分數」說穿了，也就是汝等的「福報」而已！福報越大的分數也就越多，而福報越少的分數也就越低了，而這「分數」也跟「能量」、「色澤」有關連也！「能量」、「色澤」越高越深，其「分數」一定越多的，而「分數」很多，但「色澤」、「能

量」不深、不高時，其「分
數」也就能轉換「能量」及
「色澤」也！

所以古人言：「為善得好報，
為惡得惡果」，即是這個道
理；因為這四個「密碼」、
「色澤」、「能量」、「分
數」，均在「大道」中，也在
「因果法則」中，來相互作用
及相互轉換也！詩曰：

靈體作用四大來

密碼第一分判汝

色澤第二來觀之

能量分數互轉換

大道因果法則藏

必要如實來修持

才能自我提昇有

提昇超越是自己

修持修行必要做

修道最終修善果

善果能量來轉換

才能依憑蓮臺坐

* * * *

5-21 若以魔性來言，其色澤又會如何呈現呢？

魔性色澤，大部分會偏於深藍或黑色，只是深淺而已；比較少有灰色或綠色，這是一般人類眾生才會有之色澤；假如魔性色澤可以「頓

悟」了，就會馬上變成紅、
橙、黃、金色、紫色之色澤
也。

為何魔性還可以由「頓悟」
之十七識中來改變？就是 上
蒼大德澤於宇宙、銀河星
系、天地空間，給予其改造
的；不然，宇宙公理何其浩
瀚龐大，就是如此也！

✽✽✽✽
5-22 「做自己的主人，不要做自己的奴隸」，其意涵？

做自己主人與做自己奴隸，
人世間被際遇、被心境來轉
了就是做自己的奴隸，人世

間可以提昇超越者，就是做
自己的主人之差別性而已。

✳✳✳✳
5-23 真我和自我差異為何？

真我同自我差異是在：一個
原本具足的自己，一個後來
才產生的自我意識形態的自
己也。

真我在內靈之本體，此內靈
加入於思惟即是起心動念；
真我能否可照見？不可能！
必等汝亡故後方可照見，在
未歿度之前，所能見之只是
本性而已，真我乃是個多向
空間的本體也。

✳✳✳✳
5-24 何謂不思善、不思惡？

善之分別，即是陰陽相互
對待之過程，若言善為美
好的意作，則起了自心的
起現；如此當下對善分別之
自心起現，來自於自己的思
惟作用，可以明白一個良好
的行為動作；但人世間卻是
另一個角度之惡中，是相互
對待；如此人為因素來區分
於善惡自心起現，汝謂之如
何？這即是一個層次境界之
差異也，若可以用出離善惡
角度來觀，則可以超越於人
道世間也！

一般者皆是如此，超越者可以放下兩邊達至中道也；如何中道？是個不偏倚兩邊之應用才是如實，亦是早已在人世間已出離三界之外，不受兩相對待之牽制才是。

※※※※
5-25
不思善、不思惡、正與默時，是未入於起心，或是雖起心但無礙？

不思善、不思惡、正與默時，此時前境已來，後境跟隨之後，把此心定靜了，而不起任何思惟；若是已經起心動念了，還會無礙否？才

怪,那是不可能的!

****
5-26 入中道,離中道。「離中
道」可否詮釋為:一切作為
皆「道之流行」,絲毫無行
為要合乎中道之動念。

「離中道」是沒有任何中道
之觀念,如此不離中道;人
類會抱守過去的經典認為正
確的;若絲毫無行為要合乎
中道,此種分兩者,一者已
超越了,一者尚未入門,自
己思惟下吧!

✽✽✽✽
5-27　中道與中庸有何不同？

中道是一切事務之根本，才會起現於中道思想所作意，也對一切事務本體之過程中，而有了間隔之提昇中，此種必觀各人所體悟也。

中庸是以一切過程中，平順而入於其中，如此中之本體，亦言庸之作意；

這兩者之差別性，亦可以言之高鐵與台鐵之分差作用也；可以如此言，起用、本體之互為作用；亦可如此言之，過與不及而不落於兩邊，正是如此也。

****
5-28 靜坐時，冥思、冥想，真正內涵是指何？此時心思上，是思何？想何？而「放空」，又如何冥思、冥想？與「不思善，不思惡，正與默時」，有何不同？一般所言之「無念」，又有何不同？「靜心」、「靜念」，是指無雜思、無雜念否？

靜坐之冥思、冥想，並非都沒有思維，而是已不入於自己第八意識之種子因了；此種就宛如「不思善、不思惡，正與默時」，此時之冥思，已經並非人類思惟；若以放空，此種之靜坐亦可言是必要性，但在一段時間

後，就會加入於自己之思想觀念，起現過去之因緣也。

靜心、靜念亦是如此，都會被後來者追尋到，所以冥思、冥想，不思善、不思惡，正與默時，同無念及靜心、靜念，各功夫不同，但是大致上皆不離於此也！

✳✳✳✳
5-29 若尚有意念又如何「放空」？此「放空」指何？

此時放空，仍會有部分思維，此思維是已經不入於自己之第八意識當中，而是往前之「細思惟修」，同人類

眾生所有過去之思想觀念就
不一樣了！

✳✳✳✳ 5-30 「靜坐」中，需守於某點、某處否？

根本不必守何點！當今坊間
之靜坐，皆教人守何點，其
實根本都不必守何點，只對
軀體能量是一種充滿全身之
能量之流動也！

✳✳✳✳ 5-31 靜坐與性命雙修關係

靜坐與性命雙修乃是兩者不
同境界；若言關係性體的問
題，是一個如何見至性體本

身，如此性之作用乃是對自
己真如的分判，於各己心念
意識的見性作用也。

靜坐可以得悟性是不錯，但
智慧則不是由靜坐而可得
也，乃是一個親身體驗的經
驗過程，來累積於知識的成
長，在於下一次遇到相同問
題之時，即可應用自如，則
是智慧也。

「智慧可開悟性，悟性可觀
自性」，這點大眾就不明白
也，這是一般修者難以達至
的境界也。

❋❋❋❋
5-32 氣動與靈動之分別？

氣動與靈動只是一線之隔，若產生一股氣之動，則必有良善的思惟；若只是依持於靈動，就沒有這種思惟條件。

治病是一種氣動而不是靈動，若心有所使就會形成靈動，對於氣動與靈動，都是可以用人為思考來克制，稍稍動一下是無妨，可以強身健體，若是太過激烈，就會形成一股靈動、氣動的相互循環，一但長久就容易入於幻境。記住！只要不入於

意念的啟動，就不會產生靈動，只要不太過分，就沒有啥問題，宇宙高能老師也會從旁來護佑。

****
5-33 靈動、氣動對修行有何影響

行走於靈動、氣動之脈，乃是一個易受冤親債主來討伐的局勢，這不論任何一位有情眾生皆是如此。不要再有氣動與靈動，因氣動尚無妨，靈動必會影響累世的冤親債主來干擾與討報。

✳✳✳✳
5-34 丹田和氣海有不同？靜坐時，這兩者各有何作用？

丹田同氣海區分，是練氣或入見性之差別；一般者會以為是可以見性，如此要明白其竅門及眉角之分差，所以很多人丹田下之氣海很多，但大部分都有道而無德，所以崇心宗脈才一直告誡學生，必要勤培德性陰騭。

＊＊＊＊
5-35

「大道系列叢書」內言：
「唯心所識而造就自己淨化
的過程，必難以達至淨濾
的沉澱，因而即無法靜慮
也！」學生原以為：應由靜
慮才會淨濾（因靜下來思
慮，才能找出誤失；如濁水
之靜置，經淨化沉澱後才可
濾分出上清及底層雜物）；
觀念角度之思惟，哪裡錯
了？為何會是淨濾 → 靜
慮？

唯心所識造就自己淨化，汝
認為可否？自己思惟不正，
欲想要淨化，有否可能？根
本都是錯在先了，尚以為我
的思想是正確；那對方向都

不正確，欲淨化，欲淨濾，
欲靜慮，可否達至正道？這
就是當今太多修行者的通
病，又以為自己絕對沒錯，
全部都是別人的錯；汝認為
這種修行者，多不多？也就
太多了！

✱✱✱✱
5-36 「明心見性」，究竟是明何
心？見何性？

明何心？就是明白千古以來
之「初心」；見何性？就是
亙古之元始性體；人類太污
穢了，一直都沒有辦法了知
明心見性之本意，皆在外圍

打轉而已，難入其內之元始根基。

※※※※
5-37 為何地水火風是一種局限？

地乃堅實性，水乃流通性，火乃溫暖性，風乃吹動性，地水火風是一種局限，又是一種提昇的能量，這種矛盾，就是對立的關係；在人世間若能珍惜自己所明白的障礙，就會想辦法提昇；但也要方法正確，不然徒勞無功又奈何！

修持一生到最後又難回歸。

此問題也是針對所有人類眾

生，一邊是成長，一邊是阻
礙，是相對的，所以入於中
道而離中道之義就是如此，
汝會抱著不放否？若抱著，
有得否？若放掉，有失否？
竅門在此！

✳✳✳✳
5-38　經驗累積與智慧的關係？

先由日常生活經驗累積其知
識的堆積，是否可成下一次
應用的智慧否？這是按步就
班來作達成，若可以應用智
慧，必對下一次很順利、很
如意來作完成，是否如此？
這些正是經驗累積知識，而

知識的應用正是智慧也！

有智慧，是否可不入於造惡業？但智慧者可分於良慧與惡慧，可用於善之方面，亦可用於惡之方面，若真正智慧者是不會造惡果的；有智慧者可以創造德性來利益自己，利益眾生，有德性者必能增加福份與善因緣；有善因緣福份者，人道世界是否更寬廣之大道也！

有福分因緣者，可以具足於通貨或其他善因緣，含括事業、人際、家庭、財運、修持，後代子孫皆可受益也！

此為本宗脈一貫的基本宗
旨,這樣明白否?好,有空
可常來挖寶吧!

✻✻✻✻ 5-39 秉性是前生帶來,與我、法 二執有關連嗎?

我執、法執,此兩者是自己
認知之觀念,若一般即難有
提昇;我、法二執是自己執
著,離境了,是否還有我、
法二執否?一般眾生之所見
而已!秉性、個性皆前世而
來,習性、慣性乃此生而俱
之,汝離境了,還有我、法
二執否?非汝所言之境,而

是提昇了，其境（外境）有
否具之？

※※※※
5-40 入魔性，不正是因不良之心
態觀念所造成？但為何不能
言魔性是不好？

魔性好否？在人世間所有宗
教，沒有一個會說好的；宛
如佛性，亦是人類歌頌追
求。

天地角度沒佛魔

人間眾生自考磨

○×對錯偏一邊

往裡內鑽受苦拖

上蒼慈悲觀眾生

累世因果相互嗔

魔佛性體造德真

中道行持因緣成

汝言：佛、魔，哪個會成
就？端正心念，必會成就
也！

****
5-41 恩師開示，不能説：「佛是
好的，魔是不好的」；但提
到「魔性」，卻又稱「此不
良作意，而起現過去之秉
性」；會有不良之作意，不
就是不好的嗎？為何不能
説；是否因整句説法，是相
對待的分別。

以地冥星空間所對立角度，

能否化消？可以用手掌來比喻：一面黑、一面白，如此就是以佛魔兩相契轉之原理，這其中是誰在作怪？「心、性」兩者之問題而已！

****

5-42 一般觀念總認為「道、德」是一體的，有道必有德，無道必無德，所以言「有道明君，無道昏君」，亦有人言：此乃「有道之士」，但「有道有德可成佛，有道無德便成魔」，「有道」為何會無德？是哪裡出了問題？有道無德者，其「有道」是

指何？

有道有德，一般人都會將
「道、德」混為一談，若人
世間所有之運行軌道，是否
按循著此種之道跡來向前，
如此，道可立，德亦可生，
這兩者是息息相關；如果
有一天，沒按照大家公認之
路程而進行，是否背道或離
道？就會產生很大障礙，也
就無德了；這是泛指天地之
正邪中，能有道，不一定有
德，有德者一定是有道者之
謂也！

5-43 第十識到底是什麼樣的境界？佛境初地是什麼狀態？第九識是什麼狀態呢？「非想非非想」又是什麼呢？

第十識是入於佛境的底層，一般佛教會言清淨識，初地只是人世間可達之境界，如果說不退轉，人類又如何來？以時空長遠來觀不退轉，實則仍會退轉，這是佛教徒所難了知的觀念。

千百億劫已遭遇
佛識種因來進入
清淨根基佛之本
有情眾生皆如宜

若已達至相當高境界層次的
體悟，不必起心動念即知一
切的實相，此種已由第九菴
摩羅識來通過，進入於佛識
中的境界，《大道諦理》有
如實記載其中的根本，汝可
以由這一冊中領悟不同的層
次，由佛境初地、次地、三
地、四地、微微初識至四
識，若言要解答，並非短時
間可清楚。非非想處天就是
菴摩羅識的根基；

佛聖成就千百種

各體星球相互拱

佛境四諦造根器

成長超越本是衷

先把《大道諦理》反覆看
「六次」，再把不了解之處
提出叩問，不然一下子要簡
單答覆，並非一般人類可體
悟，此種已超越了明心見
性、開悟證果千百回次了，
也超越人間所言在三種層次
的回復，「見山是山、見水
是水」的第三層次，而入於
第四層次「見山非山、見水
非水」，跳脫地球空間看人
類所居住星球，何色澤？是
否只有藍色、綠色、白色這
三色而已，明白竅門否？等

汝有增長了再回來叩問，不
然只用書寫就可體悟，那太
容易吧！

*****
5-44 「火燒功德林」指何？

火燒功德林，就是人類起了
「嗔、怒、怨、恨」，這種
種不良作意，而毀壞掉良善
修持功能。

*****
5-45 何謂「萬殊為物」？

萬法唯心、萬殊為物，萬殊
是含括整體人世間的一切，
以實相世界為主要的準則，
就是不同的有情眾生，皆是

實相界的物種。萬殊為一切
的根本源，每一種都是如此
生存於人世間，故有一切演
化的實際性，才促成對萬殊
是參與演繹的根本，就是生
存空間中的萬物蒼生。

後記

　　「大道真佛心宗」、「崇心宗脈」以「天音傳真」之法，二十多年來，陪伴海內外無以數計的有緣者度過多少生命的轉彎處。每每辛酸、空虛，乃至於無助，宇宙高能常和緩地道出其來龍去脈。

　　物質世界或許具象地必須挹注諸多有形得以轉圜改善；然，心靈問題，在宇宙高能巧妙地引導，看到即是療癒，同理即能溝通疏導，藉此化解無形干擾、無明起障。

　　信念乃行動之根本，信念更是力量，唯有在基本觀念上純粹淨化，與宇

宙高能汲取高頻美好，一切善的事物便再再發生，扭轉原本窒礙難行的生命軌跡。

　　若您在人生方方面面遇到了不解甚至阻礙，需要「第二意見」時，歡迎您來訊，更建議您親身體驗與宇宙高能對話之暢快。Google搜尋「大道真佛心宗」！

月來月
清明

_____ 月

Date: _____

Focus: _____

星期一	星期二	星期三	星期四	星期五	星期六	星期日

月

星期一	星期二	星期三	星期四	星期五	星期六	星期日

_____ 月

星期一	星期二	星期三	星期四	星期五	星期六	星期日

月

星期一	星期二	星期三	星期四	星期五	星期六	星期日

月

Date: ....

Focus: ....

星期一	星期二	星期三	星期四	星期五	星期六	星期日

Date:

Focus:

月

星期一	星期二	星期三	星期四	星期五	星期六	星期日

_____月

Date: _____

Focus: _____

星期一	星期二	星期三	星期四	星期五	星期六	星期日

月

星期一	星期二	星期三	星期四	星期五	星期六	星期日

月

Date:

Focus:

星期一	星期二	星期三	星期四	星期五	星期六	星期日

月

星期一	星期二	星期三	星期四	星期五	星期六	星期日

_____ 月

Date: _____

Focus: _____

星期一	星期二	星期三	星期四	星期五	星期六	星期日

月

星期一	星期二	星期三	星期四	星期五	星期六	星期日

Notes

Notes

Notes

Notes

Notes

Notes

Notes

Notes

Notes

Notes

Notes

Notes

Notes

Notes

Notes

Notes

Notes

Notes

Notes

Notes

Notes

Notes

Notes

Notes

Notes

Notes

Notes

Notes

Notes

Notes

Notes

Notes

Notes

Notes

Notes

Notes

Notes

Notes

Notes

Notes

Notes

Notes

Notes

Notes

Notes

Notes

Notes

Notes

Notes

Notes

Notes

Notes

Notes

Notes

Notes

Notes

Notes

Notes

Notes

Notes

國家圖書館出版品預行編目資料

禪機破迷障：叩問釋疑／理心光明禪師 天音傳
真彙編. --初版.--臺中市：白象文化, 2018.11
　　面；　公分.——（活在心中；2）
ISBN 978-986-358-676-0（平裝）
1.佛教修持
225.87　　　　　　　　　　　　　107008304

活在心中（2）

禪機破迷障：叩問釋疑

彙　　　編　理心光明禪師 天音傳真
校　　　對　社團法人大道真佛心宗教會編輯小組
專案主編　徐錦淳
出版編印　吳適意、林榮威、林孟侃、陳逸儒、黃麗穎
設計創意　張禮南、何佳誼
經銷推廣　李莉吟、莊博亞、劉育姍、李如玉
經紀企劃　張輝潭、洪怡欣、徐錦淳、黃姿虹
營運管理　林金郎、曾千熏
發 行 人　張輝潭
出版發行　白象文化事業有限公司
　　　　　412台中市大里區科技路1號8樓之2（台中軟體園區）
　　　　　出版專線：（04）2496-5995　　傳真：（04）2496-9901
　　　　　401台中市東區和平街228巷44號（經銷部）
　　　　　購書專線：（04）2220-8589　　傳真：（04）2220-8505
印　　　刷　基盛印刷工場
初版一刷　2018年11月
定　　　價　139元

白象文化　印書小舖　出版 · 經銷 宣傳 · 設計
www.ElephantWhite.com.tw　　自費出版的領導者　　購書 白象文化生活館

【大道天書】

叢書系列B1~40+4

歡迎免費索取
+QR Code1

www.holyheart.org.tw

無料入學線上閱讀
+QR Code2

www.holyheart.net

288

第01冊《大道心燈》

第02冊《大道天德》

第03冊《大道回歸》

第04冊《大道真詮》

第05冊《大道規範》

第06冊《大道諦理》

第07冊《大道佛心》

第08冊《大道明心》

第09冊《大道見性》

第10冊《大道心法》

第11冊《大道演繹》

第12冊《大道有情》

第13冊 《大道一貫》

第14冊 《大道虛空》

第15冊 《大道無極》

第16冊 《大道昊天》

第17冊 《大道崇心》

第18冊 《大道燃燈》

第19冊《大道光明》

第20冊《大道真如》

第21冊《大道天地》

第22冊《大道先天》

第23冊《大道德澤》

第24冊《大道眾生》

第25冊 《大道因果》

第26冊 《大道綱常》

第27冊 《大道倫理》

第28冊 《大道天音》

第29冊 《大道同源》

第30冊 《大道唯識》

第31冊 《大道杏壇》

第32冊 《大道天下》

第33冊 《大道自性》

第34冊 《大道心宗》

第35冊 《大道真理》

第36冊 《大道一家》

第37冊《大道秘法》

第38冊《大道真佛》

第39冊《大道宇宙》

第40冊《大道文明》

《大道孝德行》

《大道悌弘興》

《大道忠誠心》

《大道信實意》